ÉTAT

DE LA

QUESTION DE VIRILITÉ

MONARCHIQUE ET NATIONALE.

Haud facile emergunt quorum virtutibus
obstat res augusta domi; sed Romæ durior
illis conatus. (Juv., sat. III.)

PÉRIGUEUX,

IMPRIMERIE DUPONT, RUE TAILLEFER.

—

1840.

[illegible]

[illegible]

[illegible]

ÉTAT DE LA QUESTION

DE VIEILLITÉ

Monarchique et Nationale.

J'ai dit que nous étions un peuple agricole : c'est ce que confirme notre activité agronomique, qui date du morcellement du sol.

J'ai dit que la révolution de 89 avait créé par la petite propriété la richesse territoriale. L'accroissement prodigieux des différentes branches de l'industrie nationale, qui vivifie le plus riche état de l'Europe, est un fait avéré qui confirme mon assertion.

J'ai dit que, considérée sous le rapport moral et politique, cette révolution a été plus contraire qu'avantageuse à une nation qu'exalte la gloire et que mine le servilisme.

Quoi ! s'il est positif qu'elle s'est affranchie des rentes seigneuriales, arguera-t-on qu'elle s'est affranchie de l'esclavage ? A-t-elle, en effet, connu le rayon de miel que

la liberté réserve à ses enfans? Quoi! ne les soumet-elle
pas, pour qu'ils l'obtiennent, à des conditions plus dures
que celles qu'on imposait, dans la dégradation du premier
peuple du monde, à des gladiateurs obligés de combattre
des lions de Numidie qu'on entendait rugir au loin dans
le cirque de Rome? Peut-elle répondre à ses ennemis,
comme faisait le Spartiate au Persan, qui ne trouvait qu'un
goût acerbe au brouet noir, et leur dire : « Pour le sa-
« vourer, ce mets délicieux, il faut plutôt s'être baigné
« dans l'Eurotas. »

N'a-t-elle plus à payer, aux dépens de son indépendance et de sa dignité nationale, un ramas de vils his-
trions qui se succèdent sur la scène? Ne dirait-on pas
qu'une mauvaise planète poursuit les continuateurs des
rôles du marquis de Mascarille, de Scapin, du Tartufe,
de Basile? A peine s'offrent-ils sur la planche, qu'on les
hue. Nos vieux comédiens, sans égaler ni Molé ni Pré-
ville, se sont pourtant, ou par bécare, ou par bémol,
tirés d'affaires un certain temps. On peut dire, il est
vrai, que ceux qui, chaussant le cothurne, ont opté
pour les rôles de Brutus ou de Casca dans la mort de
César, n'ont fait que passer, comme les personnages
qu'on fait voir dans la lanterne magique; mais n'ont-ils
pas, quelques-uns d'entre eux, en paraissant dans les
rôles des pièces de Shakespeare, recueilli de temps à autre les bravos du parterre, qu'ils les eussent ou non mé-
rités? L'élève de Talma pouvait dire : S'il m'arrive par-
fois d'être sifflé dans le rôle de Polifonte, je ne le se-
rai pas toujours. Ses continuateurs, dans les rôles de
taureau, pourraient-ils se promettre le même bonheur?
Ou les mimes qui paraissent maintenant sont plus exigus
que ceux qu'ils remplacent, ou le parterre, qui s'est formé
par l'expérience pour les juger en maître, est devenu

plus difficile, plus sévère, à mesure qu'il achète plus chèrement le droit d'applaudir ou de siffler des enfans de coulisse.

Lorsqu'un grand ministre parut pour la première fois à la cour de Louis XIII, les courtisans de ce monarque rirent aussitôt, en le voyant, de sa mode antique qu'il n'avait jamais quittée, par respect pour la mémoire de son ancien maître. Le grave Sully, sans se déconcerter, tout plein de sa noble fierté, dit froidement au nouveau prince : « Sire, quand le roi votre père, de glorieuse mé- « moire, me faisait l'honneur de m'appeler auprès de « lui, il ne manquait jamais de balayer auparavant les « baladins et les bouffons des appartemens du Louvre. » Louis-Philippe ne pourrait-il pas profiter d'une leçon que le bon ministre de Henri IV donnait à un de ses ascendans?

Avons-nous abjuré sur les autels de la patrie le froid égoïsme qui nous enchaîne, nous dégrade, assimile le corrupteur à celui qui vend son suffrage, un maire du palais sous un gouvernement constitutionnel à deux? Avons-nous renié l'apostasie, dit adieu à de vieilles rancunes? Avons-nous extirpé le sophisme et le matérialisme qui nous envahissent de toutes parts, et qu'ont engendrés les mœurs de la régence et le siècle de Louis XV? Avons-nous marqué du charbon l'esprit de coteries viles, insidieuses, qui nous rapetissent sans mesure, qui font sortir des *bougins* de l'école anglaise tant de turpitudes, qui créent mille désordres dans l'état? Avons-nous arboré la bannière de la fraternité évangélique, de l'égalité politique, de la prépondérance de la France sur l'Europe? Sommes-nous, enfin, ce qu'il faudrait que nous fussions, après deux révolutions qui devaient corroborer l'état par la confédération salutaire d'une grande famille?

L'infâme commérage qui nous tue a-t-il expiré devant le code de la raison, le gouvernement du pays par le pays?

Partant de ce point donné qu'en France tout naît du sol, tout roule sur le pivot du sol, j'ai dû dire que, dans un état purement agricole, la propriété doit être principalement garantie.

Calculant la progression des idées, la marche d'un siècle qui nous sépare par les colonnes d'Hercule des siècles féodaux, la tendance au nivellement social et la puissance du génie qui ne connaît pas le guichet, j'ai jugé que l'émancipation des capacités nationales était impérieusement commandée par la force des choses.

Voyant ce que nous sommes, ce que les battant monnaie sur la place de la Révolution nous ont fait, j'ai cru devoir combiner l'enchaînement de la grande et de la petite propriété par la candidature, en réglant les droits politiques des contribuables en raison des garanties qu'ils offriraient à l'état par leurs cotes de contributions.

Pourquoi les Athéniens ont-ils joué un si beau rôle sur le théâtre politique? C'est que chez eux, pour s'élever aux honneurs, il fallait grimper au mât de cocagne des talens, du courage, du patriotisme; c'est qu'ils avaient ce que demande l'illustre Cormenin, ce que contient, non point la charte vérité, mais le programme de juillet, qu'on livra de suite à la pâture des vers pour qu'il manquât d'échos, le gouvernement du pays par le pays. Comme les intérêts matériels les touchaient moins que nous, le souverain pouvait, sans compromettre l'existence du corps politique, présenter comme un épouvantail la coquille à l'élu, dont la popularité était toujours ombrageuse à ceux qui ne connaissaient ni l'encan de la république ni celui de la royauté.

Quoique nous soyons loin des mœurs de cet ancien

peuple, que la liberté ne s'allie pas plus à la traite des blancs qu'à celle des nègres, et que les temps où les marchands de révolutions règlent l'avenir de leur pays ne soient guère meilleurs que ceux où deux soldats romains disposaient de l'empire (1), la gloire nationale n'est pas moins une propriété qui nous est héréditaire. Nos pères nous l'ont transmise, nous la transmettrons à nos descendans.

Depuis qu'on nous régit à la persane, le monopole est devenu la pierre philosophale pour gouverner. Le droit commun n'est plus qu'un mot gaulois que l'académie, qui décline comme la lune arrivant à sa dernière phase, a rayé du vocabulaire français, comme n'appartenant pas au siècle de la nouvelle France.

Avant d'exposer un système rationnel qui, ouvrant un concours pour les magistratures, aiguillonnerait le génie, la gloire nationale, rendrait au pays sa virilité politique, détruirait par le droit commun la scission monstrueuse qui nous travaille et que perpétue le monopole, tâchons de rechercher les principales causes de cette scission.

Deux novateurs froqués qui ont paru dans le XVI.e siècle, en appliquant la serpe philosophique sur l'arbre judaïque, ont jeté les fondemens d'une immense révolution. Le premier a enrôlé des roitelets tudesques qui trouvaient que la cour de Rome, qui est descendue d'un cran, ne les traitait guère plus amicalement qu'on nous traite sous le gouvernement à bon marché ; le second bouleverse les têtes dans un royaume où les passions sont toujours poussées à l'extrême ; où ce qu'on prône à l'excès la veille, on le trouve insipide le lendemain ; où, depuis

(1) *Suscepere duo manipulares imperium populi Romani transferendum, et transtulerunt.* (Tacite, histoire, livre 1.er)

l'établissement des Francs jusqu'à nos jours, on n'a connu que le mieux et le pire, tant dans l'ère gothique que dans celle du xviie, du xviiie et du xixe siècles; les vertus héroïques des héros de la république romaine et la bassesse des laquais; la fidélité à ses maîtres et la félonie des marchands de couronnes; la stoïcité des martyrs de la république comme de ceux de la monarchie, et la dégradation des eunuques de la Sublime-Porte; enfin, tout ce qu'on peut imaginer de plus noble et de plus impur dans la société.

Cette révolution du xvie siècle a débuté par des guerres de religion où le sang a coulé par torrens; où tous les attentats, tous les désordres inspirés par le fanatisme, ont été consommés sous l'étendard de la croix. Quittant la férocité des temps barbares, à mesure que la culture des lettres a gagné les esprits dans le siècle de Louis XIV, elle a passé du jansénisme et du quiétisme à l'esprit philosophique, et de la philosophie à l'athéisme et au sophisme, qui ont creusé et qui creusent chaque jour davantage l'abîme des révolutions, où les états méridionaux de l'Europe vont s'engloutir.

De là l'origine de la scission du corps civil. L'auteur du *Contrat social*, qui avait suivi une autre route que les autres écrivains d'un siècle de métaphysiciens et de sophistes, nous avait tracé une voie salutaire. L'empirisme, dont l'influence a tant de prise sur les petits esprits qui ont voix au chapitre dans tous les temps, nous en fit promptement écarter.

Le dévergondage des passions méconnut la voix de la sagesse. La convention parut, roulant Sodôme sur son char funéraire et hideux. Mais écartons le souvenir d'horribles saturnales, dont il faut déchirer les pages néfastes pour l'honneur français. Le sophisme, précurseur de sinistres jours, dit à cette assemblée : « Rompts le pacte d'alliance que tu as fait avec le souverain, déchire à la face des nations le mandat qui te liait strictement à ses volontés. Que tes membres, qui ne sont et ne sauraient être que ce qu'étaient à Rome les tribuns du peuple, qui ne s'avisèrent jamais de passer de leur autorité un seul plébiscite, te dépouillent de tes droits imprescriptibles, indivisibles, inaliénables, incommunicables ; que, par une monstrueuse aberration des principes du droit public, ils s'érigent fastueusement tes représentans ; qu'ils légitiment l'usurpation ; qu'ils soient le serpent Pithon, faisant surgir d'un grand déluge l'écume des vices ; qu'ils renouvellent les barricades du duc de Guise, la déchéance de Henri III prononcée par soixante-dix docteurs assemblés en Sorbonne ; qu'ils reproduisent toutes les fureurs de la ligue ; qu'avec la seconde édition de la charte, revue et corrigée dans la synagogue financière du 7 août, ils fassent prévaloir un commérage inique ; qu'ils frappent nos fronts avilis du stigmate de la lèpre honteuse ; qu'ils tuent par la décomposition de la France, née de ce système bâtard, tant le gouvernement représentatif dorant des simulacres d'hommes, que le corps politique. »

Les vicissitudes du sort, le chiffre de ses mécomptes qui va si loin, la liste non encore close des chefs des nations qu'il frappe de ses coups, laquelle contient le nom de Henri III assassiné par un obscur fanatique vengeur du sang des Guise ; celui de Henri IV tombant sous le poignard de l'exécrable Ravaillac ; le nom de Charles I.er montant à l'échafaud, et celui du fils de l'usurpateur du trône des Stuarts chassé de la Grande-Bretagne ; le nom du meilleur des rois portant sa tête sur le billot, et celui des égorgeurs de la commune de Paris expiant leurs attentats par le même supplice ; le nom d'un intrus qui, après avoir dominé l'Europe par l'ascendant de son génie, va finir sa carrière sur un rocher de la mer Atlantique, et celui d'un prince de droit divin qui tombe du trône par son ineptie; tous ces faits mémorables ne sont-ils pas une grande école pour les hommes du pouvoir? Ne doivent-ils point faire ouvrir les yeux à nos joueurs de gobelets, aux monopoleurs de révolutions, aux vendeurs d'orviétan de toutes les étoffes, aux peuples égarés par les spéculateurs de la fortune des empires?

Le czar Pierre I.er n'était ni un roi ni un empereur constitutionnel. Il ne marchait pas, il est vrai, sur des rasoirs bien effilés; il n'avait pas, sans doute, à combattre la ligue dans le siècle des lumières, des calculateurs, et plus encore des Escobards. Discipliner, polir des barbares, peupler des déserts, bâtir des villes, faire fleurir le commerce, les arts; attirer les savans, les grands hommes dans ses états, les encourager par des récompenses; créer une marine, un grand empire; fonder dans des marais, sur le golfe de Finlande, une capitale qui est devenue l'immense entrepôt des richesses de l'univers, et faire de rien les plus grandes choses, c'est ce dont il vint à bout par la puissance de son génie. Si gouverner un peuple qu'on vient de former, ou une nation qui a passé par tous les coups de la fortune, est autre chose; s'il est facile de se briser contre mille écueils, lorsqu'on a tant de Machiavels à conduire, quelles grandes ressources n'a pas du moins à sa disposition, pour se retourner dans des passes difficiles, le chef d'un état où les capacités sont si nombreuses, où la pépinière des hommes à talens ne saurait manquer pour constituer sa puissance gouvernementale?

Louis XIV, qui était taillé pour le despotisme oriental, fit du monopole l'application la plus avantageuse à la gloire de la monarchie. La magistrature, le clergé, la marine, les armées de terre, l'instruction publique, le commerce, les sciences, tout fleurit, tout brilla du plus grand éclat sous l'égide salutaire d'un prince qu'aiguillonnait le désir de faire jouer le premier rôle à un peuple qui était tout dans sa virilité. Cependant avait-il à maîtriser les partis, en dirigeant son gouvernement vers la gloire nationale.

L'homme du **18** brumaire, dont le génie avait les yeux perçans de l'aigle, après s'être mis sur le chandelier par les erremens du directoire qui s'était suicidé, comme on se suicide sous le gouvernement représentatif, n'avait-il pas reconnu la nécessité de s'environner des grandes capacités administratives et militaires, pour asseoir sur des fondemens solides un autre colosse de Rhodes?

Héritier d'une grande révolution, qu'avait-il à redouter? Il avait tout comprimé, en appelant le souverain à régler au pas de charge la destinée des peuples de l'Europe. N'avait-il pas trompé les calculs d'une puissance maritime, qui n'a pas demandé la rupture de la quadruple alliance pour cause de lésion, et qui ne représente l'empire romain, étendant au loin le vol du chapon, que parce que l'heure de l'émancipation de ses colonies, opérant une révolution radicale dans les trois îles, n'a pas encore sonné?

La position de ceux auxquels est échu, par la sainte alliance ou par le principe de la souveraineté du peuple, un héritage morcelé par nos scissions nationales, et qui peut l'être encore davantage par nos dilapidations, par nos prodigalités, par nos aberrations et par le servilisme qui nous entache à cause de la gangrène électorale, est plus précaire. Le temps n'est plus où un empereur romain faisait son cheval sénateur. Les rois n'ont plus de baguette magique qui change les hommes en dieux ; la féerie n'aplanit plus les mornes ; il n'y a plus de prestige ni pour les hommes ni pour les choses ; il faut qu'un prince soit alors, pour le moins, à la hauteur d'un siècle qui n'admet pas les médiocrités ; qui voit l'homme et non les insignes d'un bedeau ; qui ne reconnaît, enfin, comme grand que ce qui l'est réellement. Pour dominer les esprits, pour diriger l'opinion, il faut qu'il puisse se guinder dans la civilisation à la cime des Cordilières ; il faut que ses auxiliaires, qui sont les magistrats, aient, par leurs talens et leurs mœurs, la massue d'Hercule pour abattre l'hydre de la presse.

La révolution de 1830 n'avoue comme siennes que les sommités nationales ; tout le reste ne lui appartient pas. Ne faut-il pas qu'elle distingue ses enfans légitimes des naturels ? Elle n'a été illusoire qu'en apparence. On a coupé partiellement les ailes à l'aiglon lorsqu'il était prêt à s'envoler ; elles ont repoussé depuis dix ans, l'oiseau a pris son essor, il n'y a plus moyen de l'arrêter dans son vol rapide comme celui de l'hirondelle.

Louis XIV voulait détruire la Hollande ; il se rend maître de tout le pays, à l'exception d'Amsterdam. Les états généraux lâchent les écluses ; l'armée de ce prince disparaît en grande partie sous les flots de la mer du Nord.

La révolution de 1830 a dit : Le mandat des 221 n'était-il pas périmé de plein droit du jour que le gouvernement de Charles X avait disparu par un grand naufrage ? Dès-lors n'était-ce pas au souverain qu'il appartenait de statuer sur la forme de gouvernement qu'il croirait devoir se choisir ?

On lui a répondu par une fin de non-recevoir. Aussitôt elle afait jouer es fourneaux des usines que la force des choses a placés contre le trône du 7 août. Quels sont ces fourneaux ? Les imprimeries de la capitale et des départemens. La presse est devenue une conquête du gouvernement représentatif, qui peut disparaître sans qu'elle soit perdue. Un conquérant, comme un heureux joueur, peut aller loin par des victoires; mais la fortune est capricieuse, elle lui ôte par un acte de justice ce qu'elle lui avait donné par un acte d'iniquité.

Il en est autrement de la presse. Ses conquêtes sont solides, parce qu'on ne peut nullement empêcher celui qui a de bons yeux de juger des couleurs. Pour guerroyer avec elle, on se retranche dans le monopole. La presse serre étroitement le blocus pour affamer la place qui manque de vivres. Le monopole fait ses coups d'essai pour la débloquer; s'épuisant en vains efforts, en ridicules sorties, que gagne-t-il? Le mépris de ses adversaires. Que dévoile-t-il? Ses misères, son impuissance.

Comme il est essentiel que nous ne soyons que de petits singes ou des épagneuls les mieux dressés devant l'Europe, que n'amusent pas toujours nos ariettes au père Duchêne, et surtout devant nos voisins d'outre-mer, qui ont toujours le secret de tirer à nos dépens leur épingle du jeu, le monopole dit : *Hors des nains, des reptiles, des castrats, des magots, point de salut !* Il réserve pour ses élus sa pluie dorée; bien plus, il fait construire, pour gouverner plus admirablement le royaume, autant de maisons de la Gabarrus qu'il y a de colléges électoraux dans quatre-vingt-six départemens. Croit-il ainsi s'assurer sa vitalité? Il se suicide dans les bougins. L'habit des régisseurs s'use ainsi rapidement. Pourrait-il en être autrement?

Si j'approchais du prince qui règne, je lui ferais entendre une voix qui le surprendrait. Inspiré par la mo-

rosité de mon caractère, je lui dirais : « Sire, n'écoutez
« pas ceux qui, dans des adresses perfides et mensongè-
« res, vous placeront dans l'histoire à côté de Henri IV.
« Fuyez les flatteurs, les hommes artificieux et vils, com-
« me le poison qu'on offre aux rois dans des coupes de
« vermeil. Votre trône est sur un abîme ; hâtez-vous de
« l'asseoir sur un terrain solide. Le reniement au principe
« salutaire qui vous a élevé, l'arbitraire, le monopole,
« sont cet abîme qu'il faut combler. La France est la
« terre classique de l'indépendance et des lumières. Ne
« connaissez plus de légitimistes, de républicains, de
« justes-milieu, de conservateurs, d'hommes de la coa-
« lition ; connaissez des Français tous égaux, non illusoi-
« rement, mais réellement, devant la loi ; que tout Fran-
« çais qui contribue aux charges de l'état rentre dans
« l'exercice de son droit d'élire ceux qui les discutent et
« les votent.

« Que l'appréciation des talens dans les hommes que
« vous placerez, efface celle de l'esprit oligarchique et
« aristocratique que repousse la civilisation du xix.ᵉ siè-
« cle. Faites-vous présenter par de sages ministres, pris
« dans la classe du peuple, un état statistique le plus
« précis des hommes à talens qui se trouvent dans votre
« royaume. Les chefs-lieux de département, ceux d'ar-
« rondissement, les grandes, les petites villes, les bourgs,
« les villages, peuvent vous en offrir. Il en est quel-
« ques-uns plus modestes que les autres ; ils ne deman-
« dent rien : ce sont ceux-là qu'il faut que vous alliez
« principalement chercher. Ouvrez dans les chefs-lieux
« de département des concours publics pour l'obtention
« des chaires de professeurs de colléges, pour celle des
« places administratives, comme pour les magistratures.

« Pour que les membres de ces gymnases publics, que

« j'indemniserais aux frais du budget départemental pen-
« dant la durée de ces exercices politiques et littéraires,
« soient les pairs naturels des compétiteurs à ces diffé-
« rens emplois ; qu'une liste des membres des tribunaux
« de chaque arrondissement, des membres des conseils
« de départemens et de ceux d'arrondissemens, des pro-
« fesseurs de colléges royaux et communaux, et de tous
« les hommes à talens du département, soit dressée tous
« les quatre ou cinq ans révolus, par les soins du préfet,
« un mois avant l'ouverture de ces jeux floraux dont la
« durée serait de dix jours ; que le tirage au sort de
« douze jurés sur trente-six ait, à l'instar des cours
« d'assises, lieu tous les matins dans la salle du concours,
« présidé par le préfet ; que ceux qui voudront concou-
« rir soient tenus de se faire inscrire, le mois qui pré-
« cédera l'ouverture du gymnase qui pourra questionner
« les concurrens, tant sur les mathématiques, les auteurs
« grecs ou latins, que sur des questions de droit civil,
« sur des points administratifs ou financiers ; que ceux
« d'entre eux qui remporteront le prix dans ces concours
« reçoivent une médaille, frappée en leur honneur aux frais
« du département ; qu'ils soient non-seulement honora-
« blement mentionnés dans les journaux du département,
« mais même que leurs noms soient portés sur une liste
« double ou triple de candidats, sur lesquels vous aurez
« à choisir vos professeurs de langues mortes ou vulgai-
« res, vos administrateurs, vos membres des tribunaux.
« C'est ainsi qu'en émancipant le génie vous devien-
« drez puissant, et votre peuple puissant avec vous.
« L'émulation de la gloire embrassera tout l'état. Tous
« ceux que leurs talens placeront sur le chandelier, seront
« jaloux de coopérer à la régénération salutaire d'une
« grande monarchie.

« Les magistrats verront l'Hopital, Molé, d'Aguesseau,
« Lamoignon, de Malesherbe, Merlin de Douai, et tant
« d'autres grands hommes qui ont honoré le barreau.
« Chacun dans sa carrière aura, pour remplir digne-
« ment sa tâche, ceux qui ont attaché à leur mémoire
« le sceau de l'immortalité, desquels on a pu dire
« *Dicier hic est.* Epurés par un baptême national, vos
« députés seront pour vous, pour la patrie, les oies du
« Capitole. Ils vous exposeront les besoins du laboureur,
« du vigneron, du commerçant, du manufacturier, des
« citoyens de toutes les classes ; ils soulageront avec vous
« et les pairs du royaume la misère du cultivateur et de
« l'ouvrier des villes, en supprimant les sinécures. Que
« l'épaulette ne soit plus désormais que la récompense
« du courage et du génie. Dites : Je suis le père d'une
« grande famille, tous les Français sont mes enfans. On
« avait surpris ma religion, je reviens d'une grande er-
« reur ; je ne crains plus rien dès à présent, ni les
« émeutes ni les poignards. »

Voilà comment je croirais remplir une tâche utile, en
indiquant un remède efficace à nos larges plaies.

J'ai long-temps calculé nos maux, notre position difficile. Je n'ai vu que la gloire à opposer à la corruption
qui nous travaille. Puisse-t-elle nous affranchir de nos
misères !

LACROIX.